Multiple-choice tests in German

Teacher's Book

P. Carrington, BA, PhD
Head of Modern Languages, Liverpool Institute
High School for Girls

J.J. Stephens, BA
Head of the German Department,
The Henry Meoles Senior Comprehensive School,
Wallasey

The English Universities Press Ltd

Preface

This book of 16 multiple-choice tests and two sample Ordinary Level tests aims to provide practice material for pupils preparing for the new C.S.E. and G.C.E. examinations containing multiple-choice comprehension tests. The tests are graded so that the first three listening tests and the first five reading tests would be suitable for C.S.E. or mixed-ability classes. The remainder of the tests are more difficult and would be better suited for use with G.C.E. classes, and with classes in the lower sixth form preparing for the proposed alternative syllabus at Advanced Level of the Joint Matriculation Board. Each test will provide material for one lesson if carried out under examination conditions, but more use will be gained from the material if the first few tests are administered in sections to be discussed in class once the answers have been checked. In this way pupils will become familiar with techniques of multiple-choice testing, for we hope that this book will, as well as providing material for testing, also provide material for teaching techniques, a source of vocabulary and passages for oral discussion and narrative. The tape of the listening passages is not paused, and teachers will be able to stop the tape themselves to allow pupils time to make their choice of answer. We hope teachers will find this book a useful addition to the course material they are using.

We would like to express our thanks to Fräulein Annette Sander, for her patience and help with the reading and checking of the typescripts, to Fräulein Elisabeth Schreiber for her advice, and to the schools who have helped to pre-test the material. We are also very grateful to the Joint Matriculation Board and the Associated Examining Board for giving us permission to print extracts from their multiple-choice examination papers.

P.C.

J.J.S.

Contents

ISBN 0 340 17617 2
First published 1975

Computer Typesetting by Print Origination, Bootle, Merseyside, L20 6NS

Aural Comprehension Tests

Lektion 1

Hören und Verstehen

Zuerst hören die Schüler 10 kurze Unterhaltungen, Sätze oder Szenen. In ihrem Schülerheft finden sie zu jeder Frage je 4 Antworten, wovon nur eine die richtige ist. Sie müssen entscheiden, welche Antwort am besten passt. Jeden Satz hören sie nur *einmal*! Die richtigen Antworten finden Sie auf Seite 19!

Wo passieren diese Szenen?

1 (*Station noises*)
2 —Nun können Sie sich ruhig hinsetzen und zuschauen, während die Wäsche in der Trommel herumtanzt.
3 —Guten Morgen. Ich glaube, ein Reifen ist kaputt. Könnten Sie ihn bitte reparieren und den Druck der anderen prüfen, bitte?
4 —Die Lufthansa gibt den Abflug ihrer Maschine DC 516 nach London bekannt. Wir bitten die Passagiere, das Rauchen einzustellen und sich zum Ausgang B2 zu begeben.

Wer spricht?

5 —Ich möchte diesen Reisescheck gegen zehn Pfund einlösen, bitte.
  —Gern. Darf ich um Ihren Namen und Ihre Adresse bitten?
6 —Zurücktreten bitte! Die Türen schliessen!
7 —Ich verschreibe Ihnen ein Kräftigungsmittel. Das nehmen Sie morgens und abends nach dem Essen, immer einen Teelöffel voll. Hier ist das Rezept.

Was ist hier richtig?

8 *Mann:* Die Farben sind nicht gut. Da ist zu viel blau drin.
  Dame: Ja, das stimmt. Dann müssen Sie auf diesen Knopf drücken.
  Mann: Das ist viel besser. Jetzt brauche ich nur noch eine Antenne.
  Dame: Die bekommen Sie hier leider nicht.
9 —Noch ein Stück Schokolade . . . Ah, herrlich. Das schmeckt prima. Aber eigentlich sollte ich auf mein Gewicht aufpassen. Vielleicht könnte ich eine Diätkur machen!
10 —Bitte, drei Karten für die Stadtbesichtigung.

Jetzt hören die Schüler eine Unterhaltung zwischen zwei Männern, die sich seit Jahren nicht mehr gesehen haben, und die sich aber eines Tages auf der Strasse begegnen. Sie müssen zu jeder Frage und zu jedem Satz die richtige Antwort finden. Jeden Satz hören sie nur *einmal*.

11 Na, so was! Paul Raabe! Was machst du denn hier?
12 War das wegen deiner Arbeit?
13 Warum habt ihr diesen Ort gewählt?
14 Wie geht's deiner Familie?
15 Mein jüngstes Kind hatte letzte Woche eine Grippe.
16 Wir werden uns jetzt wohl öfters sehen, nicht?
17 Vielleicht könnt ihr übernächste Woche zum Abendbrot kommen?
18 Also, bis dahin.

Jetzt hören die Schüler zwei kurze Geschichten und dann einige Fragen darüber. Sie müssen zu jeder Frage die richtige Antwort finden. Sie werden diese Geschichten und die Fragen *zweimal* hören.

Die erste Geschichte:

Das Leben zu zweit

Herr Lüdemann war böse auf seine Frau, weil sie sich einen neuen Mantel gekauft hatte. Frau Lüdemann war böse auf ihren Mann, weil sie dachte, dass sie den Mantel wirklich brauchte. Jetzt aber war es zwischen ihnen so weit gegangen, dass sie seit zwei Tagen nicht mehr miteinander gesprochen hatten. Am Freitagabend, als sie beide stumm im Wohnzimmer sassen, erinnerte sich Herr Lüdemann plötzlich daran, dass er am folgenden Morgen früh um 6 Uhr aufstehen müsste, um den 7-Uhr-Zug nach Frankfurt zu erreichen. So nahm er ein Stück Papier und schrieb darauf: „Margret, weck mich bitte morgen um sechs". Er gab es seiner Frau und las die Abendzeitung weiter. Am nächsten Morgen wachte er plötzlich auf und sah auf seine Uhr. Es war schon 7.30! Er drehte sich um. Seine Frau war schon auf, und auf ihrem Platz neben ihm lag ein Stück Papier, worauf seine Frau geschrieben hatte: „Aufwachen, Anton. Es ist schon 6 Uhr! "

19 Warum war Herr Lüdemann böse auf seine Frau?
20 Warum war Frau Lüdemann böse auf ihren Mann?
21 Warum sollte Herr Lüdemann früh aufstehen?
22 Was machte Herr Lüdemann im Wohnzimmer?
23 Warum hat er auf dem Stück Papier geschrieben?
24 Was ist am folgenden Morgen geschehen?
25 Warum hatte Frau Lüdemann auf dem Stück Papier geschrieben?

Die zweite Geschichte:

Auf frischer Tat ertappt

Frau Schulze hatte ein Zimmer im Hotel Gloria reserviert. Als sie gerade auspacken wollte, klingelte es, und bevor sie ‚Herein' sagen konnte, kam ein jüngerer Mann ins Zimmer. „Oh Verzeihung" sagte er. „Ich dachte, dies sei mein Zimmer." Und schnell ging er wieder aus dem Zimmer. „Komisch" dachte Frau Schulze. „Warum hat er denn geklingelt? " Sie schaute auf den Flur hinaus und sah, wie der Fremde in ein gegenüberliegendes Zimmer ging. Schnell rief sie den Portier an, der gleich nach oben eilte und den Fremden gerade dabei entdeckte, wie er Geld und Juwelen aus einer Schublade nahm.

26 Wann klingelte es?
27 Warum entschuldigte sich der Fremde?
28 Warum fand Frau Schulze die Sache komisch?
29 Was sah Frau Schulze, als sie hinaussah?
30 Warum holte sie den Portier?

Lektion 2

Hören und Verstehen

Zuerst hören die Schüler 10 kurze Unterhaltungen, Sätze oder Szenen. In ihrem Schülerheft finden sie zu jeder Frage je 4 Antworten, wovon nur eine die richtige ist. Sie müssen entscheiden, welche Antwort am besten passt. Jeden Satz hören sie nur *einmal*! Die richtigen Antworten finden Sie auf Seite 19!

Wo passieren diese Szenen?

1 (*Football match noises*)
2 —Ich möchte vier Parkettplätze für ‚Figaro' am Dienstagabend haben.
3 —Vati! Kann ich bitte die Fütterung der Schimpanzen und Elefanten sehen?
4 —Nur hinten etwas saubermachen, aber bitte nichts von oben abschneiden.
5 —Dieter schiebt die Abteiltür auf und fragt:
„Entschuldigen Sie, sind die Plätze hier noch frei?"
6 Wo sieht man diese Instruktionen?
—Hörer abnehmen.
—Zwei Zehnpfennigstücke einwerfen.
—Gewünschte Nummer wählen.

Was sagen sie?

7 Herr Braun fliegt nach London, und seine Frau fährt mit ihm zum Flughafen. Was sagt sie?
8 Kurt wollte gerade seinen Freund anrufen, aber er hatte leider kein Kleingeld bei sich. Er geht auf einen Passanten zu. Was sagt er?

Welche Antwort bekommen sie?

9 —Hier stimmt doch etwas nicht. Ich habe Ihnen einen Fünfziger gegeben.
10 Hans läuft in die Bahnhofshalle. Er fragt den Beamten:
„Habe ich den Zug nach Bremen versäumt? "

Jetzt hören die Schüler eine Unterhaltung zwischen zwei Personen. Sie müssen zu jeder Frage die richtige Antwort finden. Jeden Satz hören sie nur *einmal*.

Die Situation ist so:

Werner Metzger, langhaariger und schlechtgekleideter Student aus Frankfurt, hat einen mehrwöchigen Aufenthalt in der Türkei verbracht. Jetzt sind seine Ferien zu Ende und er kommt nach Deutschland zurück. Der Zollbeamte am Frankfurter Flughafen stellt ihm einige Fragen.

11 Warum haben Sie die Türkei besucht?
12 Wie lange sind Sie dort geblieben?
13 Was haben Sie dort gekauft?
14 Haben Sie Drogen mitgebracht?
15 Wo ist Ihr Gepäck?
16 Sind Sie während Ihres Aufenthaltes in Russland gewesen?

Jetzt hören die Schüler drei kurze Geschichten und dann einige Fragen darüber. Sie müssen zu jeder Frage die richtige Antwort finden. Sie werden diese Geschichten und die Fragen *zweimal* hören.

Die erste Geschichte:

Jugend hat keine Tugend

Ein Bauer, der auf dem Lande ein kleines Haus hatte, hatte die Geschwindigkeitsbeschränkung überschritten, und der Dorfpolizist sollte ihn besuchen. Da ihm das Fahren sowieso schon verboten war, weil er keinen Führerschein hatte, wollte er dem Beamten aus dem Wege gehen. Sobald er den Polizeiwagen in seinen Hof einfahren sah, holte er schnell seinen kleinen Sohn.

„Hör zu, Hansi" sagte er ihm. „Wenn es klingelt und Wachtmeister Kritter vor der Tür steht, dann musst du ihm sagen, dass ich meinen Bruder in Hammersdorf besuche." Dann stellte sich der Bauer in den grossen Kleiderschrank auf dem Flur, um sich dort zu verstecken. Es klingelte. Der Kleine machte auf, und der Polizist fragte nach seinem Vater.

„Er ist leider nicht da," war die Antwort.

„Schade. Wann kommt er denn wieder zurück? "

Da ging der Junge zum Schrank, machte ihn auf und fragte seinen Vater.

„Der Wachtmeister will wissen, wann du zurückkommst! "

17 Warum erwartete der Bauer den Polizisten?
18 Warum sah die Sache noch ernster aus?
19 Warum holte der Bauer seinen Sohn?
20 Warum schloss sich der Vater im Schrank ein?
21 Was hat der Sohn falsch gemacht?

Die zweite Geschichte:

Deutschlandfahrt

Herr Brown ist Lehrer und er will in den Sommerferien mit einer Gruppe von sechsunddreissig Schülern Hamburg besuchen. Er schreibt an das Hamburger Verkehrsamt und liest vor, was er geschrieben hat:

Städtisches Verkehrsamt,   den 8. Februar, 1973
   Hamburg.

Sehr geehrte Herren!

Ich bin Deutschlehrer an einer englischen Schule und beabsichtige, Ende Juli dieses Jahres eine Gruppe von sechsunddreissig englischen Schülern nach Hamburg zu begleiten. Ich möchte mich vorher über die Stadt informieren. Ich wäre Ihnen sehr dankbar, wenn Sie mir Informationsmaterial über die Stadt, ihre Sehenswürdigkeiten, interessante Ausflüge, Theater und eine Liste der Jugendherbergen zusenden würden. Bitte teilen Sie mir mit, ob es ermässigte Eintrittspreise für Gruppen ins Rathaus und in die Museen gibt, und ich wäre auch sehr dankbar weiter zu erfahren, ob wir besondere Schülerausweise für die S- und U-Bahn bekommen können. Vielleicht könnten Sie mir einen Stadtplan und Broschüren für jeden Schüler zusenden, weil sie eine Arbeit über ihren Aufenthalt in Hamburg schreiben müssen.

Ich danke Ihnen im voraus für Ihre Bemühungen.

Hochachtungsvoll

Ihr

P. Brown

22 Warum schreibt der Lehrer an das Hamburger Verkehrsamt?
23 Wo wird sich die Gruppe aufhalten?
24 Warum fragt Mr Brown nach ermässigten Eintrittspreisen?
25 Warum möchte er Schülerausweise bestellen?
26 Warum erbittet er für jeden Schüler Stadtplan und Broschüren?

Die dritte Geschichte:

Ein froher Nachmittag

Dame: Guten Tag. Hotel Hansa. Kann ich Ihnen helfen?
Mann: Ja, wie spät ist es, bitte?
Dame: 14 Uhr, mein Herr.
Mann: Sagen Sie mal, wann macht bei Ihnen die Bar auf?
Dame: Um 19 Uhr, mein Herr.
Mann: Vielen Dank.
Dame: Guten Tag. Hotel Hansa. Kann ich Ihnen helfen?
Mann: Ja, wie spät ist es jetzt?
Dame: 15 Uhr, mein Herr. Ist das alles?
Mann: Nein, wann macht Ihre Bar endlich auf?
Dame: Aber das wissen Sie schon. Um 19 Uhr.
Mann: Ach ja. Danke. Wiederhören.
Dame: Guten Tag. Hotel Hansa. Kann ich Ihnen helfen?
Mann: Ja, gnädigste Dame. Wie spät haben wir jetzt?
Dame: 16 Uhr.
Mann: Und sagen Sie, wann macht Ihre Bar auf?
Dame: Zum drittenmal, um 19 Uhr. Können Sie nicht warten, bis Sie endlich in die Bar hinein dürfen!
Mann: Was heisst denn ‚hinein‘? Ich will doch hinaus!

27 Wie lange muss der Mann warten, bis die Bar aufmacht, als er zum ersten Mal anruft?
28 Als der Mann das letzte Mal anruft, ist er. . .
29 Wann möchte der Mann endlich in die Bar?
30 Warum möchte er wissen, wann die Bar auf ist?

Lektion 3

Hören und Verstehen

Zuerst hören die Schüler 10 kurze Unterhaltungen, Sätze oder Szenen. In ihrem Schülerheft finden sie zu jeder Frage je 4 Antworten, wovon nur eine die richtige ist. Sie müssen entscheiden, welche Antwort am besten passt. Jeden Satz hören sie nur *einmal!* Die richtigen Antworten finden Sie auf Seite 19!

Wo passieren diese Szenen?

1 (*Farmyard noises*)
2 —Mutti, heute hat er nicht gebohrt!
3 —Achtung auf Gleis 5! Es hat Einfahrt der verspätete D-Zug aus Ostende
  nach Mannheim, Heidelberg, Stuttgart, Ulm. Bitte Vorsicht bei der Einfahrt
  des Zuges!
4 —Liebe Gemeinde, seid willkommen im Namen des Herrn.
5 —F.C. vor! Noch ein Tor!

Welche Antwort bekommen sie?

6 „Was hast du diesmal gemacht?" fragt der Vater seinen Sohn, als dieser eine
  Stunde in der Schule nachsitzen musste.
7 „Warum hast du gestern gefehlt?" fragte der Direktor den zitternden
  Schüler.
8 „Wenn du trotz deiner Erkältung heute zum Schwimmen gehen willst, geh
  in Gottes Namen; die Folgen musst du selber tragen."

Und die zwei letzten Fragen: Warum?

9 —Als Andenken an meinen Aufenthalt habe ich diese Lederhose gekauft.
  Warum hat er sich die Hose gekauft?
10 —Letztes Jahr hat meine Mutter im Sommerschlussverkauf ein spottbilliges
  Kleid gekauft. Aber nach der Reinigung war es so viel eingegangen, dass sie
  es nicht mehr tragen konnte.
  Warum konnte die Mutter das Kleid nicht mehr gebrauchen?

Jetzt hören die Schüler eine Unterhaltung zwischen zwei Personen. Sie müssen
zu jeder Frage die richtige Antwort finden. Jeden Satz hören sie nur *einmal*.

Die Situation ist so:

Peter Baumeister will einen Stellenwechsel, weil die Beförderungsaussichten bei
seiner Firma nicht gut sind, und er will sich auch verbessern und mehr Geld
verdienen. Er geht zum Interview bei einer grossen Autofabrik.
Der Personaldirektor stellt ihm die folgenden Fragen.

11 Woher wissen Sie, dass wir eine Stelle frei haben?
12 Warum möchten Sie eine neue Stelle?
13 Wie lange arbeiteten Sie für Ihren Arbeitgeber?
14 Haben Sie Ihre Papiere mit?
15 Haben Sie eine Referenz Ihres jetzigen Arbeitgebers?
16 Wann könnten Sie die Stelle antreten?
17 Welches Gehalt wollen Sie haben?
18 Ich kann Ihnen nur 100 Mark mehr im Monat bieten. Ist das in Ordnung?
19 Wir erwarten, dass unsere Techniker Überstunden machen. Haben Sie etwas
  dagegen?
20 Also gut, haben Sie mir noch Fragen zu stellen?

Jetzt hören die Schüler zwei Unterhaltungen und dann einige Fragen darüber.
Sie müssen zu jeder Frage die richtige Antwort finden. Sie werden diese
Unterhaltungen und die Fragen *zweimal* hören.

Die erste Unterhaltung:

Treffpunkt
Jochen: Guten Tag, Birgit!
Birgit: Guten Tag, Jochen! Wie geht's?
Jochen: Na, man lebt so. Und dir?
Birgit: Gut. . . Was machst du denn hier?
Jochen: Ich mache gerade Einkäufe . . . für Muttertag. Was machst du denn
eigentlich? Bist du noch auf dem Gymnasium?
Birgit: Ja, leider . . . aber ich habe im Moment das Lernen wirklich satt.
Ich möchte die Schule verlassen und Geld verdienen . . . aber mein
Vater sagt, ich muss noch zwei Jahre warten, bis ich die Schule
verlassen kann.
Jochen: Und dann . . . was willst du werden?
Birgit: Ich weiss noch nicht. . . Vielleicht gehe ich auf die Uni. . . Vielleicht
werde ich Krankenschwester, aber es wird auch von dem Examen
abhängen. . .
Jochen: Aber mit dem Examen wirst du wohl keine Schwierigkeiten haben? Du
bist sicher in allem gut.
Birgit: Na, abwarten und Tee trinken! Ich werde aber froh sein, wenn es vorbei
ist. Und du, was willst du werden?
Jochen: Ich gehe noch auf das Gymnasium, wie du . . . aber nur bis
Ostern . . . dann bin ich Lehrling bei einer Autofabrik. Ich will
Maschinenschlosser werden . . . aber ich muss noch viel lernen. . . Also,
hast du heute abend vielleicht Zeit? Wir könnten tanzen gehen. Ich
kenne ein Lokal, wo man prima Schlagermusik hören kann. Kommst du
mit?
Birgit: Ja gern! Wo treffen wir uns? Ich muss noch einige Briefe zur Post
bringen und dann. . . Na, iss doch bei uns Abendbrot. Meine Mutter
wird sich auch freuen, dich mal wiederzusehen. Gute Idee, nicht?
Jochen: Ja, ich möchte gerne heute abend bei euch essen . . . aber nur, wenn es
geht.
Birgit: Aber natürlich geht das. Meine Mutter wird sich freuen . . . und dann
können wir beide um acht zum Lokal gehen.
Jochen: Gut . . . also, wollen wir noch einen trinken gehen, oder hast du keine
Zeit? Es ist erst halb sechs.
Birgit: Ja gern. Wir können gleich um die Ecke gehen. Im ‚Hirschen' kann man
ganz gemütlich sitzen.

21 Was macht Birgit im Moment?
22 Wie gefällt ihr das Leben?
23 Was hält ihr Vater von ihren Zukunftsplänen?
24 Was macht Birgit in zwei Jahren?
25 Warum glaubt Jochen, dass Birgit das Examen wohl bestehen wird?
26 Was wollen Birgit und Jochen am Abend machen?
27 Wohin muss Birgit zuerst?
28 Wo möchte Jochen zu Abend essen?

Die zweite Unterhaltung:

Die Party

Mann: Na, Partys sind wirklich schön, nicht, besonders wenn man selber nicht eingeladen ist! Man braucht nur hinzugehen, man isst sich ordentlich satt, wird ein bisschen betrunken und kann sich mit wirklich netten Leuten unterhalten. Und wissen Sie, niemand merkt etwas!

Dame: Ja. Wissen Sie, ich bin auch nicht eingeladen!

Mann: Grossartig! Sagen Sie, wie haben Sie das geschafft?

Dame: So schwer war das nicht. Ich bin die Gastgeberin!

29 Warum fand der Mann die Party besonders schön?
30 Warum war die Dame so böse?

Lektion 4

Hören und Verstehen

Zuerst hören die Schüler zehn kurze Unterhaltungen, Sätze oder Szenen. In ihrem Schülerheft finden sie zu jeder Frage je vier Antworten, wovon nur eine die richtige ist. Sie müssen entscheiden, welche Antwort am besten passt. Jeden Satz horen sie nur *einmal*! Die richtigen Antworten finden Sie auf Seite 19!

Wo passieren diese Szenen?

1 (*Orchestra tuning up*)
2 —Meine Herren, Sie haben nur noch zehn Minuten. Vergessen Sie bitte nicht den Fragebogen samt Antworten abzugeben.
3 —Lehn dich nicht zum Fenster hinaus. Wir fahren gleich in einen Tunnel.
4 —Die Leitung nach Hannover ist besetzt. Bitte in einer Stunde wieder versuchen.

Wann sagt man das?

5 —Eine Schachtel Streichhölzer, bitte.
6 —Bitte drücken Sie Ihre Zigaretten aus und legen Sie den Sitzgurt an. Wir empfehlen, den Gurt auch während des Fluges geschlossen zu halten.

Was ist hier richtig?

7 —Als die Totoergebnisse bekanntgegeben wurden, machte mein Vater ein langes Gesicht, denn er hatte fest mit einem Gewinn gerechnet.
8 Franz und Monika haben viele Freunde und Bekannte zu einer Party eingeladen. Während der Party haben sie sich gegenseitig einen goldenen Ring auf die linke Hand gesteckt.
9 Der Aufenthalt in diesem Hotel hat mir ausserordentlich gut gefallen. Aber das dicke Ende kam nach; die Rechnung war bedeutend höher, als ich erwartet hatte.
10 —Heinz, es tut mir furchtbar leid, aber ich habe die Milch anbrennen lassen. Zum ersten Mal in 15 Jahren musst du ohne deinen Kakao zur Arbeit.
—Ach, reg dich nicht so auf, meine Liebe. Eigentlich habe ich Kakao nie leiden können!

Jetzt hören die Schüler drei Unterhaltungen und dann einige Fragen darüber. Sie müssen zu jeder Frage die richtige Antwort finden. Sie werden diese Geschichten und die Fragen *zweimal* hören.

Die erste Unterhaltung:

Aufgaben

Herr Neumann:	Ilse, ich sehe dich schon eine ganze Weile an. Du sitzst da und schüttelst den Kopf. Was ist denn los mit dir? Kannst du deine Aufgaben nicht machen?
Ilse:	Ach Vati! Ich zerbreche mir den Kopf über diese Englischaufgabe, die ich für morgen schreiben muss. Ich weiss einfach nicht, was ich schreiben soll. Ich kann auch die Mathematikaufgaben nicht machen.
Herr Neumann:	Heute hast du ja wirklich Pech! Also, wie ist der Titel deines Aufsatzes?
Ilse:	‚Ein Abenteuer, das ich erlebt habe!‘ Aber ich habe nichts Interessantes erlebt. Und letzte Woche habe ich in Englisch schlechte Noten bekommen. Also muss ich einen guten Aufsatz schreiben.
Herr Neumann:	Aber in den Sommerferien hast du doch in Österreich Camping gemacht, nicht? Könntest du nicht etwas darüber schreiben?
Ilse:	Doch, Vati! Das ist eine prima Idee! Ich kann erzählen, wie es die ganze Zeit in Strömen regnete, und dass der Wind unser Zelt weggerissen hat, und wie wir dann in einem Gasthaus übernachten mussten.
Herr Neumann:	Na gut! Und später helfe ich dir bei den Mathematikaufgaben.

11 Warum schüttelt Ilse den Kopf?
12 Warum sieht sich der Vater seine Tochter an?
13 Warum hat Ilse Pech?
14 Warum kann sie den Aufsatz nicht schreiben?
15 Warum muss sie unbedingt einen guten Aufsatz schreiben?
16 Was schlägt ihr Vater vor?
17 Warum haben sie im Gasthaus übernachtet?

Die zweite Unterhaltung:

Ein Hund ist verschwunden

Polizist:	Guten Tag. Kann ich etwas für Sie tun?
Frau:	Ja bitte. Mein Hund ist verschwunden.
Polizist:	Oh, das tut mir aber leid. Wie konnte denn das passieren?
Frau:	Ich habe eingekauft und hatte ihn an einem Laternenpfahl gebunden. Als ich zurückkam, war er weg. Er muss sich losgerissen haben.
Polizist:	Wo haben Sie eingekauft?
Frau:	Im Supermarkt in der Berliner Strasse. Ich kaufe dort immer ein und ‚Assi‘ ist immer sehr brav. Ich war vielleicht 10 Minuten im Laden.
Polizist:	Und wann war das?
Frau:	Vor einer Stunde ungefähr. Ich habe ihn überall gesucht, in der Strasse und im Geschäft. Ich konnte ihn nirgends entdecken.
Polizist:	Wie sieht er denn aus? Hat er besondere Merkmale?

Frau:	Er ist ein mittelgrosser weisser Hund mit schwarzen Flecken. Er hat ein herrlich langes, zottiges Fell. Sein Schwanz ist kurz. Er hat eine runde Schnauze und lange fliegende Ohren. Über dem linken Auge hat er einen schwarzen Flecken.
Polizist:	Trägt er ein Halsband?
Frau:	Ja, er hat ein Halsband um mit seinem Namen ‚Assi'.
Polizist:	Gut, ich habe mir alles notiert. Geben Sie mir nun bitte Ihren Namen und Ihre Adresse, damit wir Sie informieren können, wenn wir den Hund gefunden haben.
Frau:	Hoffentlich finden Sie ihn!
Polizist:	Wir werden unser Bestes tun.

18 Was hatte Frau Zieger mit ihrem Hund gemacht?
19 Wie konnte der Hund verschwinden?
20 Welcher von den vier Hunden gehört Frau Zieger?

Die dritte Unterhaltung:

Beim Reisebüro (erster Teil)

Als Herr Krämer gestern zum Reisebüro gegangen ist, hat ihm die Angestellte viele Prospekte über Urlaubsreisen nach Frankreich, nach Italien und in die Schweiz gegeben. Mit diesen Auskünften ist er nach Hause zurückgefahren, um mit der Familie seine Urlaubspläne zu besprechen. Endlich haben sie entschieden, die Ferien wieder im Ausland zu verbringen, aber diesmal in der Schweiz, wo sie noch nicht gewesen sind. Nun ist er noch einmal zum Reisebüro gegangen, um sich nach bestimmten Urlaubsreisen in die Schweiz zu erkundigen und um weitere Auskünfte zu bekommen.

Herr Krämer:	Könnten Sie mir bitte weitere Auskünfte über Urlaubsreisen in die Schweiz geben?
Angestellte:	Aber natürlich, wir stehen Ihnen zur Verfügung. Wir bieten nämlich einen sehr preiswerten zehntagelangen Aufenthalt in Interlaken mit Ausflügen nach Luzern, ins Berner Oberland und nach Basel an, für einen Gesamtpreis von rund 400 Mark pro Person einschliesslich Bahnreise. Das kann ich wirklich empfehlen!
Herr Krämer:	Müssen wir unbedingt an diesen Ausflügen teilnehmen, oder können wir unsere eigenen Ausflüge machen?
Angestellte:	Natürlich haben Sie viel Freizeit, um zu machen, was Sie wollen. Aber das Fahrgeld für diese Ausflüge ist im Gesamtpreis eingeschlossen.
Herr Krämer:	Und das Hotel?
Angestellte:	Es ist ein erstklassiges Hotel in einem guten Bezirk der Stadt. Dieses hier! Wie Sie sehen können, hat es alle Bequemlichkeiten wie Zimmer mit Dusche, Zentralheizung, Lift und Restaurant. Man kann auch vom Zimmer aus anrufen. Dies alles und Frühstück ist im Preis inbegriffen. Wir haben sehr gute Beziehungen zu der Verwaltung dieses Hotels, und ich kann es ehrlich empfehlen.

21 Warum möchte Herr Krämer in die Schweiz fahren?
22 Warum besucht er das Reisebüro?
23 Was bekommt er für 400 Mark?
24 Wie lange wird er im Urlaub sein?
25 Wie ist das Hotel?
26 Welches Hotel ist es?

Beim Reisebüro (zweiter Teil)

Herr Krämer: Gibt es ermässigte Preise für Kinder?
Angestellte: Es kommt darauf an, wie alt die Kinder sind. Wieviel Kinder haben Sie im Alter unter 14?
Herr Krämer: Zwei und zwei über 14.
Angestellte: Für zehn Tage müssen die zwei Kinder über 14 das gleiche wie Erwachsene zahlen, d.h. 400 Mark, aber die zwei unter 14 zahlen nur die Hälfte des Preises.
Herr Krämer: Wann fährt der Zug ab?
Angestellte: Am Montag, dem 22. Juli um 9.30 Uhr vom Hauptbahnhof.
Herr Krämer: Wann sind wir in Interlaken?
Angestellte: Laut Fahrplan um 14.45. Vom Bahnhof können Sie ein Taxi zum Hotel bekommen.
Herr Krämer: Also gut. Ich möchte ein Doppelzimmer für mich und meine Frau, zwei Einzelzimmer für die Kinder über 14 und ein Zweibettzimmer für die Jungen unter 14 buchen.
Angestellte: Bezahlen Sie den vollen Preis oder machen Sie eine Anzahlung?
Herr Krämer: Ich bezahle alles. Schicken Sie mir die Fahrkarten zu?
Angestellte: Ja, natürlich. Geben Sie mir bitte Ihre Adresse. Ich wünsche Ihnen schöne und geruhsame Ferien!

27 Wieviel kostet der Urlaub für die ganze Familie?
28 Wie viele Zimmer braucht die Familie Krämer?
29 Wann kommen sie aus dem Urlaub zurück?
30 Was macht Herr Krämer, bevor er das Reisebüro verlässt?

Lektion 5

Hören und Verstehen

Zuerst hören die Schüler zehn kurze Unterhaltungen, Sätze oder Szenen. In ihrem Schülerheft finden sie zu jeder Frage je vier Antworten, wovon nur eine die richtige ist. Sie müssen entscheiden, welche Antwort am besten passt. Jeden Satz hören sie nur *einmal!* Die richtigen Antworten finden Sie auf Seite 19!

Was passiert?

1 (*Siren noise*)
2 —Einatmen bitte, Herr Thomsen. Jetzt ganz still bleiben. . . Gut. Warten Sie bitte draussen, bis der Film entwickelt ist.

Wer spricht?

3 —Mund weit aufmachen, bitte. Richtig. Ja, ja, der muss leider heraus.

4 —Meine Damen und Herren! Hier habe ich ein wunderschönes altes Buch aus dem Mittelalter. Wer bietet 1500 DM dafür? Und 2000 DM? Und 3000 DM? . . . Keiner? Also, meine Damen und Herren, zum ersten . . . zum zweiten . . . und zum dritten.

5 —Haben Sie keine Angst. Das ist nur ein Kurzschluss. Ich brauche nur eine neue Sicherung einzusetzen.

6 —Hände hoch! Mund halten! Sehen Sie den Revolver hier? Also, los. Ihre Wertsachen! Schnell!

Wo passieren diese Szenen?

7 —Zweiter Stock. Schuhe, Herrenanzüge.

8 —Schon wieder so viel Unkraut im Beet! Holst du mir bitte die Hacke?

9 —Dieser Wagen ist nur für Besitzer von Monatskarten. Sie müssen vorne einsteigen.

10 —Ich möchte ein halbes Pfund gemischten Aufschnitt, bitte, etwas Salami und zwei Scheiben Bierwurst. Oh, ja, und auch zwei Scheiben Rauchschinken.

Jetzt hören die Schüler eine Unterhaltung zwischen zwei Damen, die beim Friseur unter der Haube sitzen. Sie müssen zu jeder Frage und zu jedem Satz die richtige Antwort finden. Jede Frage und jeden Satz hören sie nur *einmal*.

11 —Finden Sie nicht, dass die neue Friseuse sehr gut ist?

12 —Eigentlich wollte ich eine andre Frisur, aber Fräulein Berger hat mich davon abgebracht.

13 —Besuchen Sie oft diesen Salon?

14 —Unter der Haube wird es einem ziemlich warm, nicht?

15 —Hier kommt das Fräulein. Es ist schön, Sie kennengelernt zu haben.

Und jetzt eine zweite Unterhaltung, die sich im Fundbüro abspielt. Willi hat heute seine Geldtasche verloren und erkundigt sich danach. Zu jeder Frage und zu jedem Satz müssen die Schüler die richtige Antwort finden. Jeden Satz und jede Frage hören sie nur *einmal*.

16 —Wo hast du sie verloren?

17 —Wie sieht sie aus?

18 —Was enthält sie?

19 —Was hast du gemacht, um sie zu finden?

20 —Ist das deine Geldtasche?

21 —Ich gebe dir den Namen und die Adresse des Mannes, der sie gefunden hat.

22 —Nächstes Mal musst du besser aufpassen.

Jetzt hören die Schüler eine Unterhaltung und dann einige Fragen darüber. Sie müssen zu jeder Frage die richtige Antwort finden. Sie werden diese Geschichte und die Fragen *zweimal* hören.

Gerhard:	Na, da sind wir endlich. Aber warum klingelt es schon, Mutti?
Frau Schulze:	Weil die Vorstellung in zwei Minuten anfängt. Wir müssen uns beeilen.
Gerhard:	Siehst du, wir sind *doch* spät angekommen. Du hättest doch nachsehen sollen, ob wir genug Benzin hatten, *bevor* wir losfuhren. Aber schnell, Mutti, sonst verpassen wir den Anfang des Stücks.
Frau Schulze:	Komm, wir müssen unsre Sachen hier an der Garderobe abgeben, bevor wir hineindürfen. . . Kauf bitte zwei Programmhefte, Gerhard. Aber, Moment mal, gib mir die Karten.
Gerhard:	Die Karten? Aber *du* hast sie doch. Sie waren in deiner Manteltasche.
Frau Schulze:	Ich bin wirklich zu dumm! Und mein Mantel hängt in der Garderobe. Warte du hier, ich bin gleich wieder da. . .
Gerhard:	O gottogottogott! Da klingelt es wieder. . . Mutti, schnell. Hast du die Karten endlich?
Frau Schulze:	Ja, sie waren in meiner Tasche. Komm. Dorthin, wo der Platzanweiser steht.
Gerhard:	Ja, und jetzt macht er die Türen zum Zuschauerraum zu. Zu spät! Nun hat das Stück doch schon angefangen, und wir müssen warten, bis es eine Pause zwischen den Szenen gibt. Das ist wirklich dumm! Ich *muss* dieses Stück sehen. Unsre Deutschlehrerin hat es uns empfohlen, weil wir es nächsten Monat lesen werden. Und jetzt muss ich die erste Szene verpassen. Das nächste Mal fahre ich mit der U-Bahn!

23 Wo sind Frau Schulze und ihr Sohn?
24 Warum klingelt es?
25 Warum sind sie spät angekommen?
26 Wo sind die Karten?
27 Warum werden die Türen geschlossen?
28 Warum wollte Gerhard das Stück sehen?

Und zuletzt hören die Schüler eine kurze Geschichte und dann zwei Fragen. Geschichte und Fragen hören sie zweimal. Sie müssen zu jeder Frage die richtige Antwort finden.

Mit einem riesigen Krach wurde der Geldschrank der Grossdorfer Bank gesprengt. Gierig stürzten sich die beiden Einbrecher auf ihre erhoffte Beute. Aber ihre ganze Mühe war verloren, denn anstatt Hunderte von Scheinen fanden sie nur einen Brief vom Hauptkassierer, der ihnen mitteilte, er wolle selbst ein bisschen Spass haben und sei mit dem ganzen Geld ins Ausland gefahren.

29 Warum waren die Geldschrankknacker enttäuscht?
30 Was hatte der Hauptkassierer gemacht?

Lektion 6

Hören und Verstehen

Zuerst hören die Schüler zehn kurze Unterhaltungen, Sätze oder Szenen. In ihrem Schülerheft finden sie zu jeder Frage je vier Antworten, wovon nur eine die richtige ist. Sie müssen entscheiden, welche Antwort am besten passt. Jeden Satz hören sie nur *einmal!* Die richtigen Antworten finden Sie auf Seite 19!

Was passiert?

1 (*Telephone number being dialled*)

Wohin fahren sie?

2 —Schau dir diese Farbfotos im Prospekt an, Ludwig. Bei Sonnenuntergang wirkt der Hafen mit dem amerikanischen Zerstörer wirklich fabelhaft. Wollen wir nicht dorthin fliegen? Wir könnten ein Zimmer im Hotel Münchener Hof reservieren.

Wer spricht?

3 —Hier ist ein grosses Loch. Ich denke, ich gebe Ihnen am besten eine Spritze. Keine Angst! Ich werde das Loch bohren und es dann mit der silbernen Füllung plombieren.

4 —Das Brautpaar bitte hierher. Danke. Meine Damen und Herren, bitte nehmen Sie Platz.

Was ist hier richtig?

5 Mit seiner Reise nach Hamburg will Herr Müller zwei Fliegen mit einer Klappe schlagen. Zuerst schliesst er bei einer Firma ein Geschäft ab, und dann besucht er seinen Freund, den er schon lange nicht mehr gesehen hat.

6 Die Arbeiter liessen freiwillig ihre Mittagspause ausfallen, weil sie die Anlage noch am selben Tag fertigstellen wollten.

7 —Wir müssen besser heizen; wenn man länger in diesem Zimmer sitzt, bekommt man ja eine Gänsehaut.

Und die nächsten drei Fragen: Warum?

8 Wenn Sie Ihren Wagen verkaufen wollen, gehen Sie am besten zu Heinrich Schmidt. Er hat immer Leute zur Hand, die für gebrauchte Wagen gute Preise zahlen. Sie sollten es bei ihm versuchen.

9 Jürgen wollte Philosophie an der Universität studieren, aber sein Vater hielt das für eine brotlose Kunst und hat ihn überredet, Fremdsprachen zu studieren.

10 Der alte Herr wollte nach seiner Pensionierung noch nicht verbraucht und veraltet aussehen, und so arbeitete er in dem Geschäft seines Sohnes weiter.

Jetzt hören die Schüler zwei Geschichten und dann einige Fragen darüber. Sie müssen zu jeder Frage die richtige Antwort finden. Sie werden diese Geschichten und die Fragen *zweimal* hören.

Die erste Geschichte:

Falsch verstanden

Der Polizist kam gerade aus seinem Haus, wo seine Frau nun nach dem Essen aufräumte. Er musste jetzt acht Stunden bis zehn Uhr abends arbeiten, und auf diese lange Dienstzeit freute er sich nicht besonders. Plötzlich sah er einen Wagen die Hauptstrasse entlang auf sich zurasen. Der Fahrer überschritt bei weitem die örtliche Geschwindigkeitsbeschränkung. Der Polizist sprang auf die Strasse und bewegte wild die Arme, bis das Auto knapp vor ihm zum Stehen kam.

„Was soll denn das sein? " fragte der Polizist. „Wie können Sie so mit 90 durch diesen Vorort rasen? "

„Aber Herr Wachtmeister," war die böse Antwort, „was meinen Sie mit 90? Es ist nur mein graues Haar, das mich so alt macht. Ich bin erst 60."

11 Was hatte der Polizist gerade gemacht?
12 Was machte seine Frau gerade, als er wegging?
13 Wie fühlte sich der Polizist?
14 Warum war ihm so zumute?
15 Wie fuhr der Wagen auf ihn zu?
16 Wie hat ihn der Beamte zum Stehen gebracht?
17 Warum hat der Beamte den Fahrer angesprochen?
18 Was hat der Fahrer darüber gedacht?

Und jetzt die zweite Geschichte:

Herr Schmidt (erster Teil)

Herr Schmidt wurde von einer Sekretärin, die das Büro zu verlassen beabsichtigte, am Wochenende zu einer Party eingeladen. Den ganzen Abend hatte er so viel getanzt und getrunken, dass er nicht recht wusste, wo er war. Endlich nahm er Abschied und machte sich langsam wankend auf den Weg nach Hause. Er ging sofort die Treppe hinauf und warf sich erschöpft und ein wenig betrunken auf sein Bett. Bevor er aber in einen tiefen Schlaf sank, zog er den Wecker auf. „Ich muss unbedingt um halb sieben aufstehen" wiederholte er. „Morgen muss ich im Büro sein." Der Klang dieser Worte ertönte in seinen Ohren und er schlief bald ein.

Da er sehr spät zu Bett gegangen war, überhörte er den Wecker am nächsten Morgen. Endlich schlug er die Augen auf, warf einen Blick auf den Wecker und fuhr erschrocken hoch. Es war jetzt schon halb neun, und er hatte doch schon eine Stunde Verspätung. Er sprang aus dem Bett und stand, die linke Hand auf der Stirn, in der Mitte des Schlafzimmers. „Ach, mein Kopf tut weh! Ich habe einen echten Katzenjammer."

19 Was für eine Party hatte die Sekretärin gegeben?
20 Warum wusste Herr Schmidt nicht mehr, wo er war?
21 Warum hat er seinen Wecker aufgezogen?
22 Was ist am folgenden Morgen geschehen?
23 Warum war er so erschrocken?
24 Wie fühlte er sich?

Herr Schmidt (zweiter Teil)

Trotz des Klopfens in seinem Kopf sammelte er seine Kleider, die in grossem Durcheinander auf dem Fussboden herumlagen, und zog sich schnell an. Dann um drei Minuten nach halb neun lief er ins Badezimmer, um sich dort zu rasieren. Mit zitternden Händen schnitt er sich, und er hatte Mühe, Heftpflaster zu finden, um es über die Wunde zu kleben. Er lief die Treppe hinunter, und in der Küche machte er sich schnell ein Butterbrot, das er unterwegs essen könnte. Das Ganze hatte nur eine Viertelstunde gedauert. Er rannte schnell aus dem Haus und sah erfreut, dass eine Strassenbahn an der Ecke hielt. „Mein Gott! Meine Aktentasche! " Er rannte ins Haus zurück, wühlte in seinen Sachen herum und fand endlich die Aktentasche. Schnell blickte er zum Fenster hinaus und sah, wie die Strassenbahn gerade wegfuhr. „Verdammt! Und die nächste fährt erst in 20 Minuten." Er ging zum Telefon, wählte die Nummer seines Büros, um ihnen bescheid zu sagen, dass er ziemlich spät ankommen würde. Keine Antwort. Er wählte noch einmal. Und noch einmal keine Antwort! Und dann fiel ihm plötzlich ein: es war Sonntag!

25 Warum musste er Heftpflaster suchen?
26 Was wollte er mit dem Butterbrot machen?
27 Wann ist er aus dem Haus gegangen?
28 Warum musste er wieder zurück?
29 Wann sollte die nächste Strassenbahn fahren?
30 Wie hat er herausgefunden, dass er nicht zur Arbeit musste?

Correct Answers

Aural Comprehension Tests

	Lektion 1	Lektion 2	Lektion 3	Lektion 4	Lektion 5	Lektion 6
1	c	a	d	d	b	b
2	c	d	b	c	b	c
3	c	a	b	d	c	d
4	b	a	d	a	b	a
5	d	b	c	c	a	b
6	c	d	a	c	c	a
7	b	a	d	d	d	c
8	b	c	c	d	b	a
9	c	c	a	c	b	a
10	a	b	b	b	a	d
11	b	d	d	d	b	c
12	c	b	b	d	b	b
13	d	a	b	a	d	d
14	b	a	b	d	b	b
15	a	b	c	a	c	b
16	b	d	a	d	b	b
17	c	d	b	d	a	a
18	b	a	a	b	a	a
19	c	d	a	a	c	a
20	b	c	c	a	a	b
21	a	a	b	b	b	d
22	b	c	c	d	c	d
23	b	b	d	d	d	c
24	d	d	a	b	c	a
25	a	a	c	d	d	a
26	b	b	a	c	b	b
27	a	b	b	b	a	d
28	a	c	c	a	c	b
29	a	d	b	b	c	a
30	a	a	c	c	d	d

Reading Comprehension Tests

	L1	L2	L3	L4	L5	L6	L7	L8	L9	L10	AEB	JMB (1971)	JMB (1972)
1	b	a	b	c	c	d	a	c	b	a	c	d	b
2	d	a	a	a	a	a	d	b	c	c	b	b	a
3	b	b	d	b	d	b	c	b	b	c	d	c	a
4	a	a	a	d	a	b	c	c	d	a	b	b	b
5	a	a	b	b	b	b	b	b	b	c	d	b	a
6	c	c	a	a	a	d	c	a	b	b	b	b	b
7	a	b	c	b	a	b	b	c	b	c	a	a	c
8	c	d	d	d	c	a	a	b	c	d	c	b	b
9	d	d	b	a	a	c	a	d	a	b	c	b	c
10	b	d	c	c	a	d	a	b	b	c	c	c	c
11	d	a	d	a	c	c	b	a	a	d	b	a	b
12	b	c	a	a	d	a	c	b	d	c	a	b	b
13	a	d	b	c	d	c	a	c	b	a	c	d	d
14	c	c	a	b	b	c	d	d	b	a		d	b
15	a	b	c	d	a	d	b	c	d	b			d
16	a	d	a	a	c	a	d	a	a	c			c
17	b	c	d	d	b	b	c	c	c	c			
18	b	b	a	d	b	a	a	b	d	a			
19	c	b	c	a	b	c	c	a	d	a			
20	a	a	c	b	c	c	c	a	c	b			
21	b	b	a	c	a	b	b	b	a	c			
22	d	d	a	d	c	a	a	d	d	b			
23	b	b	b	c	d	a	c	a	a	c			
24	a	d	d	b	b	c	d	d	c	b			
25	c	c	a	a	a	b	b	b	b	a			
26	a	d	c	c	b	c	d	d	d	b			
27	a	b	b	d	d	b	a	c	a	c			
28	d	c	a	a	c	a	b	d	c	a			
29	b	b	c	a	a	c	a	a	c	a			
30	d	c	d	b	a	c	a	d	b	a			